Matthias Bleker

... der Fußball spielt!

ISBN 978-3-735-74202-5

Coverbild: © Rainer Sturm / PIXELIO
   www.pixelio.de

Karikaturen: Lena Ida Groneck

Inhaltsverzeichnis

	Seite
Allgemeine Situationen	6 – 31
Training	32 – 57
Spiel	57 – 97
Kreisliga	98 – 119
Versteht man falsch	120 – 131

FSC
www.fsc.org

MIX

Papier aus ver-
antwortungsvollen
Quellen
Paper from
responsible sources

FSC® C105338

Allgemeine Situationen

„Du kannst ruhig vor dem Fernseher staubsaugen, die zeigen den Elfmeter gleich sowieso nochmal in der Wiederholung."

„Handball ist ein viel härterer Sport als Fußball."

„Wenn ich neue Fußball-
schuhe habe, pflege ich die
nach dem 100. Spiel noch
genau so wie nach dem
ersten Einsatz."

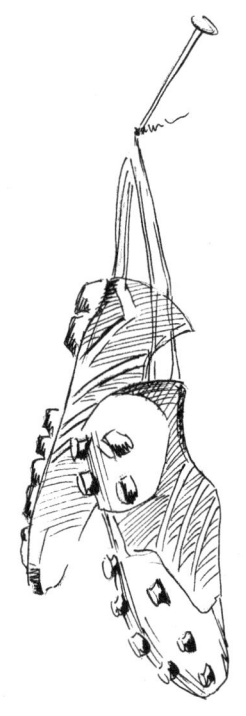

„Mir ist völlig egal, von welcher Marke meine Fußballschuhe sind."

„Hoffentlich zeigt der Kommentator im Fernsehen nicht so viele Emotionen."

„Eine Minute zu spät am Treffpunkt? Klar zahl' ich! Auch wenn ich nach meiner Uhr pünktlich bin, akzeptiere ich die Strafe, ohne zu diskutieren."

„Was in den Profi-Ligen passiert, interessiert mich nicht."

„Ich habe mich noch nie auf einen Fußball gesetzt, da der sonst ganz schnell wie ein Ei aussehen wird."

„Im Team werden keine Witze über die Fußballmannschaften gemacht, von denen man Fan ist."

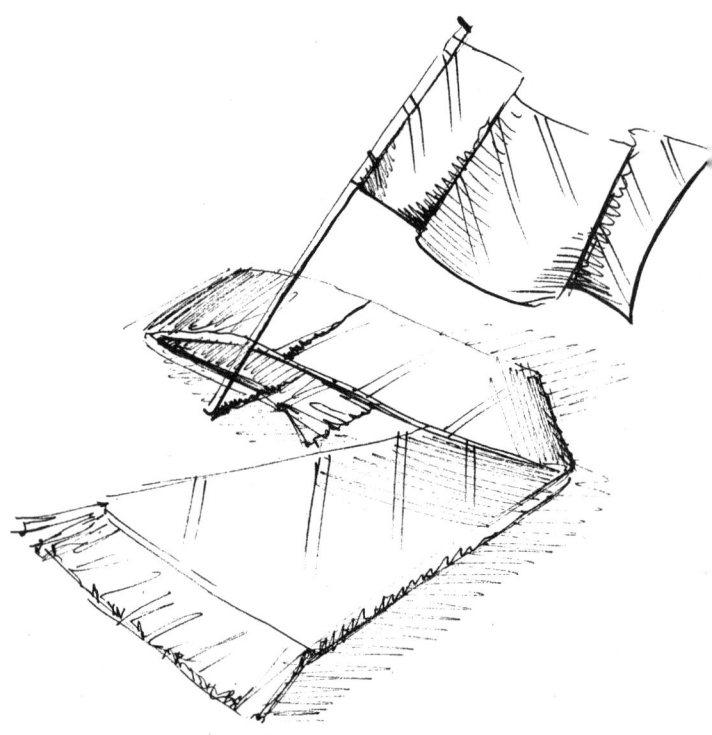

„Ach, ist doch egal, wer zuletzt den Ball berührt hat, ist ja schließlich nur ein Tor."

„Wann wollten wir shoppen gehen? Samstag 15:30 Uhr? Ja, da habe ich sowieso nichts vor."

„Warum muss unser Trikot von Adidas oder Nike sein? Ist doch völlig egal, was für eine Marke da draufsteht."

„Wenn ich in einem Zeitungsartikel erwähnt werde, ist mir das ziemlich egal."

„Frauenfußball kann man sich sehr gut angucken. Da lernt man noch richtig was."

„Ich habe beim Duschen immer mein eigenes Duschgel dabei und gebe jedem aus der Mannschaft gerne etwas ab."

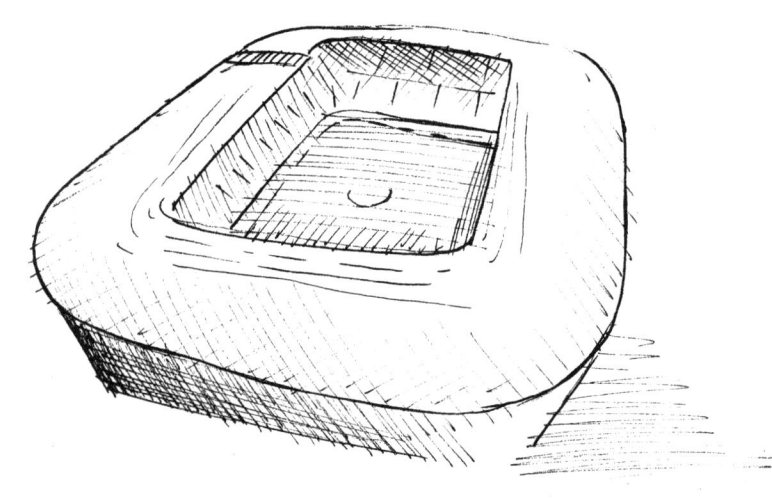

„Bunte Fußballschuhe, die trägt doch keiner. Wir sind ja nicht im Zirkus."

„Schade, dass es keinen Duftbaum mit Leibchengeruch gibt."

„Dass mein Volley aus 20 Metern in den Winkel einschlägt, war pures Glück, den wollte ich so gar nicht treffen."

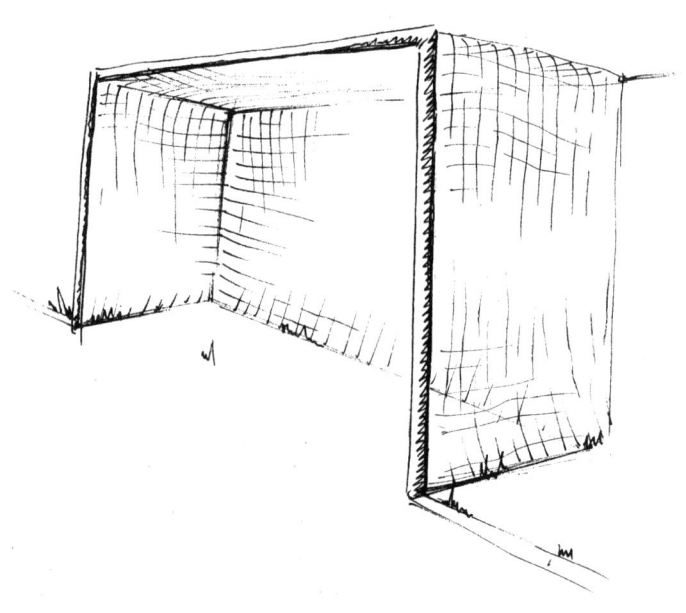

„Beim Fußballspielen einen Kaugummi zu kauen, wäre mir zu gefährlich."

„Ich glaube nicht, dass ich die Situation besser gemeistert hätte als der Profi-Fußballer."

„Kannst du beim Duschen meinen Rücken einseifen? Ich komme da so schlecht ran."

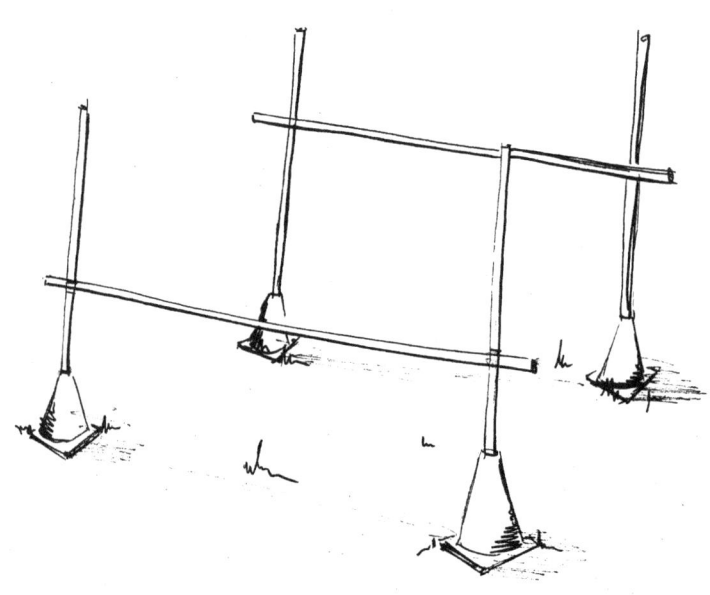

„Können wir unsere Frauen bzw. Freundinnen zur nächsten Mannschaftsfahrt mitnehmen?"

„Ich denke, dass die Profi-Fußballer ein angemessenes Gehalt bekommen."

„Der Schiedsrichter hat heute alle Entscheidungen richtig getroffen."

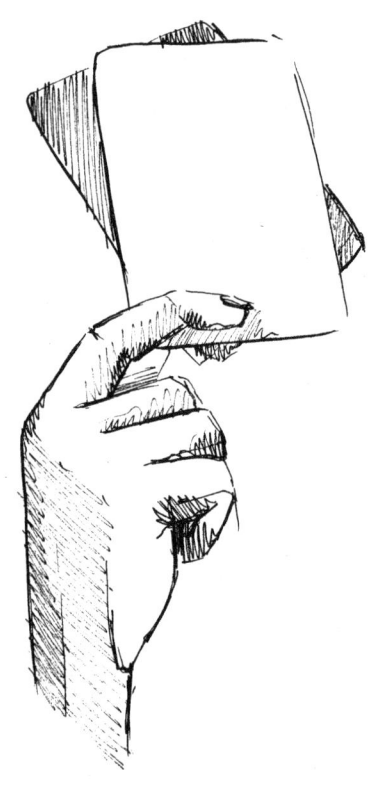

„Wenn du willst, darfst du den Elfmeter schießen. Ich fühle mich heute nicht so sicher."

„Ich fliege nach der Saison nach Malle, um mal richtig zu entspannen."

„Die Strafen für die Mannschaftskasse wurden von allen rechtzeitig bezahlt."

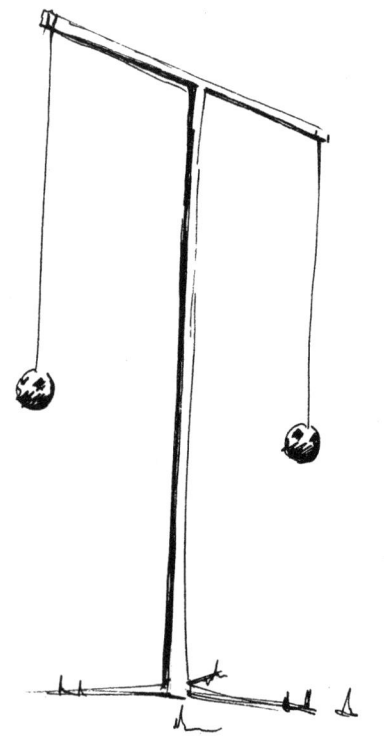

„Einstandskisten lehnen wir kategorisch ab."

„In der Halle mit der Haut zu bremsen, ist das schönste Gefühl, was es gibt."

„Ich freu' mich auf die Sommerpause, in der man endlich mal den Kopf frei von Fußball bekommt."

„Beim Fußballgucken sind wir immer einer Meinung. Diskussionen, die in Wortgefechte ausarten, gibt es nicht."

„Hoffentlich machen wir heute nicht schon wieder einen Mannschaftsabend."

„Ich liebe es, wenn auf feuchtem frisch gemähten Rasen die Fußballschuhe so voller Gras kleben, dass man jegliche Bodenhaftung verliert."

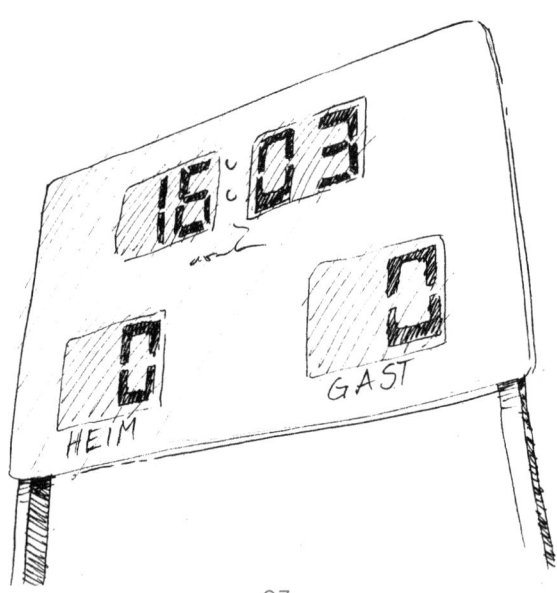

„Wir fahren immer mit unserem Mannschaftsbus zu den Auswärtsspielen."

„Ich liebe dieses unkontrollierte Gefühl, wenn der Platz so nass ist, dass der Ball Lichtgeschwindigkeit annimmt oder abrupt in den Pfützen stoppt."

„Warum braucht man farbige Bälle auf Schnee, die Weißen sieht man doch genauso gut?"

„Auf Asche gehe ich genauso in die Zweikämpfe wie auf Rasen."

„Bei hohen Bällen direkt in die Sonne zu schauen, stört mich nicht."

Training

„Bei 5 gegen 2 gehe ich am Anfang freiwillig in die Mitte."

„Ich trage Schienbein-schoner beim Training, weil sie gut aussehen und bequem sind."

„Ich melde mich als Erster, wenn jemand fragt, wer anschließend freiwillig die Kabine sauber fegt."

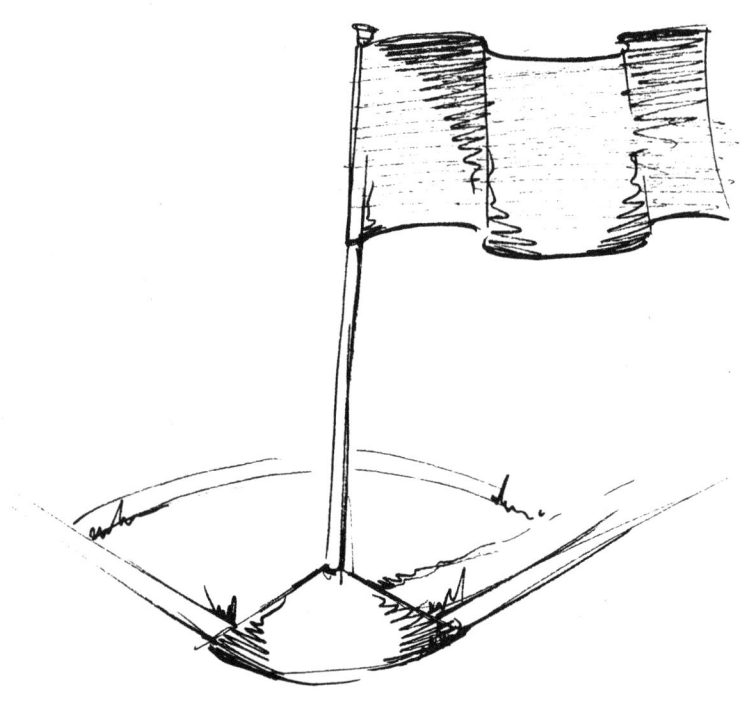

„Hoffentlich machen wir heute nicht schon wieder ein Abschlussspiel."

„Dehnen ist das A und O im Training."

„Lasst uns doch heute eine Stunde länger trainieren, damit wir noch genug Zeit für die Intervallläufe haben."

„Beim Torschuss-Training lege ich die Bälle lieber auf, anstatt selber zu schießen."

„Hoffentlich machen wir heute einen richtig schönen Waldlauf."

„Wenn ich beim 5 gegen 2 einen schlechten Pass gespielt habe, den niemand annehmen kann, gehe ich dafür natürlich direkt in die Mitte."

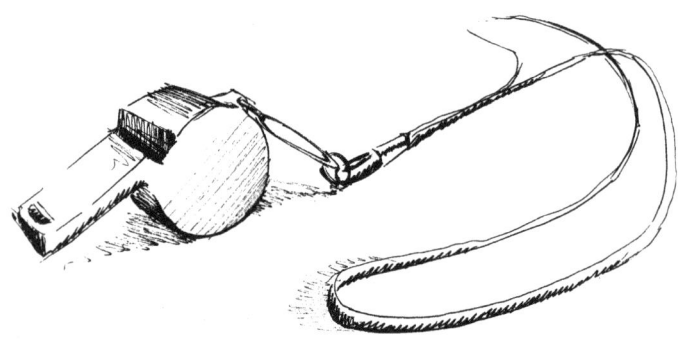

„Wenn mein Trainer nicht zuguckt, gebe ich trotzdem immer 100 % bei jeder Übung."

„Hoffentlich machen wir heute nur Übungen ohne Ball."

„Bei Sprintübungen suche ich mir immer den Schnellsten als Gegner aus, damit ich an meine Grenzen gehen muss."

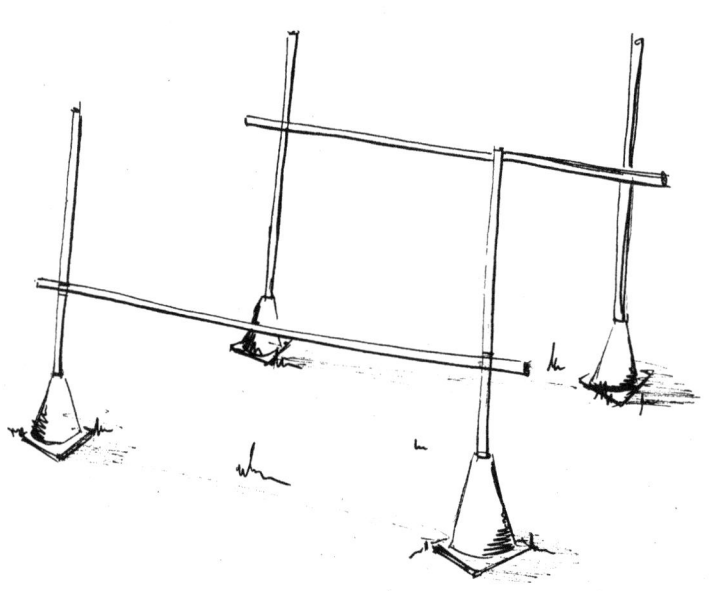

„Beim Training trage ich am liebsten Schienbeinschoner ohne Stutzen."

„Bei uns kommen im Winter genauso viele zum Training wie im Sommer."

„Wenn der Trainer sagt, wir sollen private Laufeinheiten absolvieren, dann mache ich das natürlich."

„Ich laufe die Bahnen
immer bis zur Grundlinie
und drehe nicht schon
2 Meter vorher wieder um."

„Fußball-Tennis zu
spielen, ist richtig
langweilig."

„Ich mach' mich erst einmal richtig warm, bevor ich auf das Tor schieße."

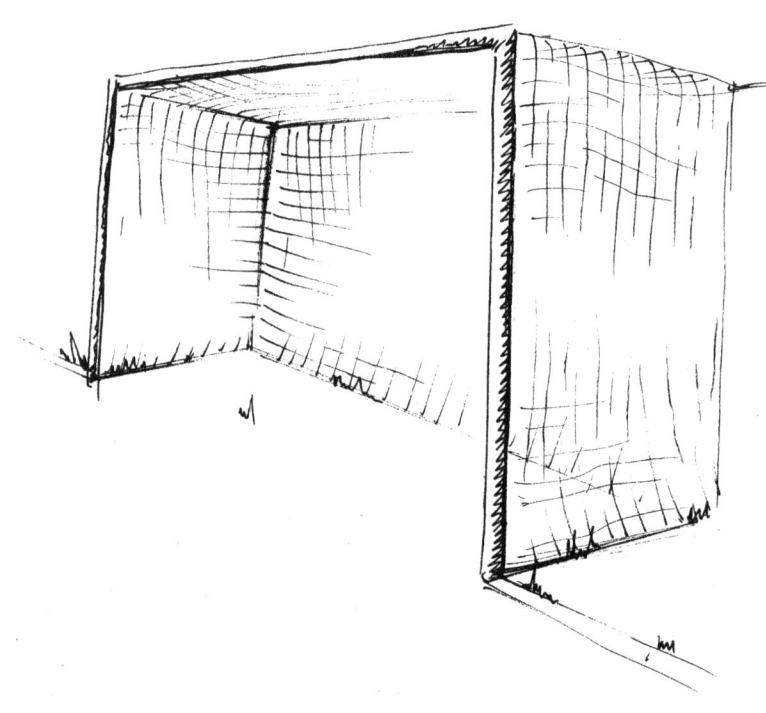

„Der Gewinner vom Abschlussspiel räumt die Tore weg."

„Im Hallentraining trage ich die langen Hosen nur, weil ich keine andere mehr finden konnte und nicht, um meine Grätschen auszupacken."

„Hoffentlich spielen wir heute wieder auf Asche."

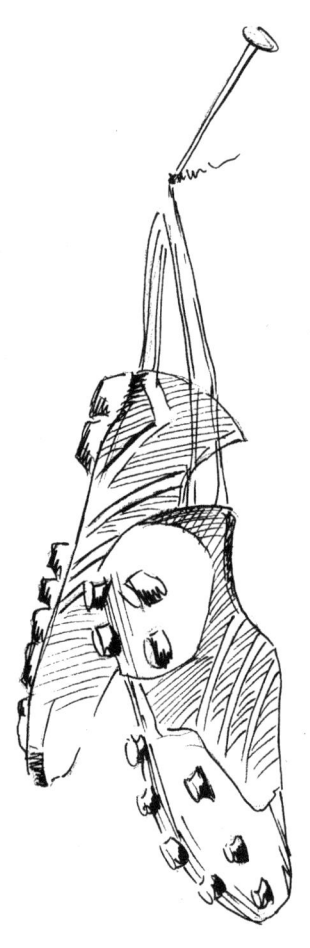

„Ich liebe es, nach dem Training die verschossenen Bälle zu suchen."

„Ich grätsche im Training nicht, damit der Rasen geschont wird."

„Die Spieler aus der
1. Mannschaft glauben
nicht, dass sie etwas
Besseres sind als die Spieler
der anderen Mannschaften."

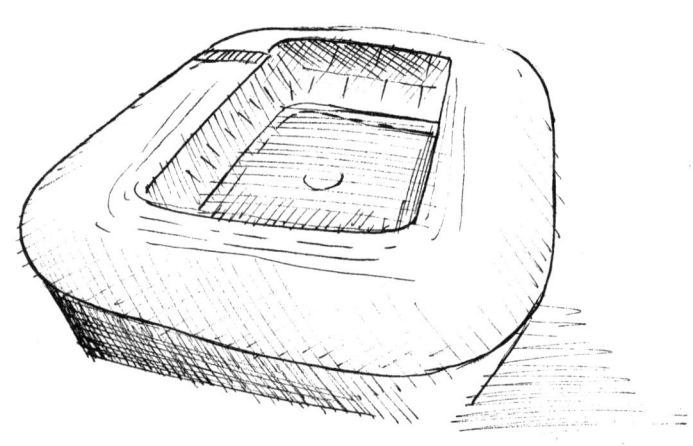

„Meine Sporttasche hat
noch nie gestunken,
da ich sie direkt nach dem
Training ausräume."

„Ich bin immer derselben
Meinung wie der Trainer."

„Der Tunnel war jetzt keine große Kunst und muss deshalb auch nicht großartig gefeiert werden."

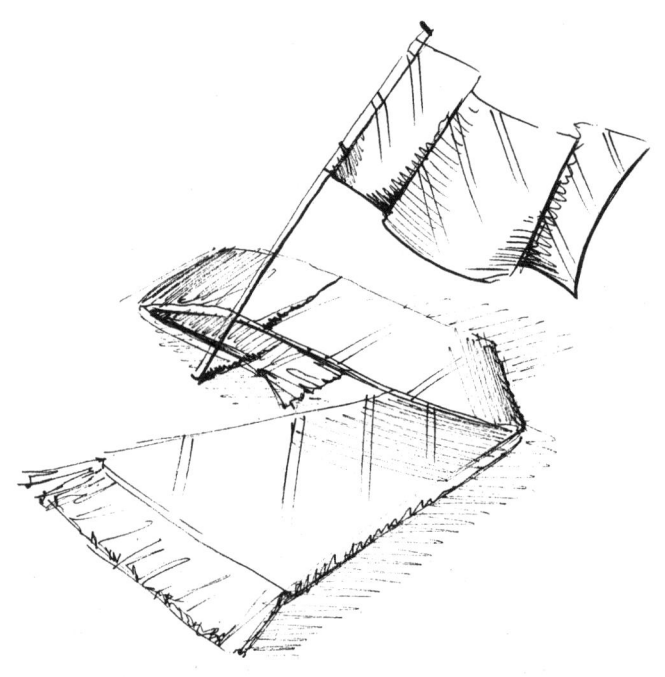

„Ich tunnel' meine Mitspieler im Training nicht absichtlich, damit sie nicht blöd dastehen oder sie Geld in die Mannschaftskasse zahlen müssen."

„Ich nehme euch in meinem Auto mit, auch wenn ihr nicht geduscht habt."

„Klar breche ich meinen Urlaub auf den Malediven ab, um im Vorbereitungsspiel dabei zu sein."

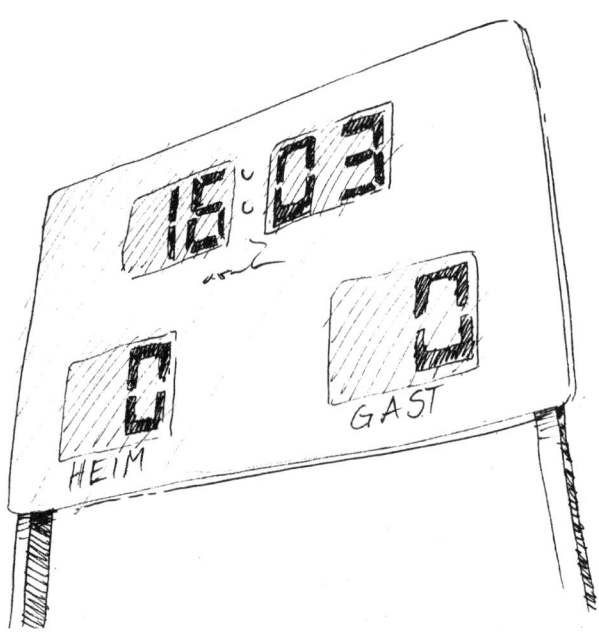

„Muss ich eigentlich noch etwas in die Mannschaftskasse zahlen?"

„Ich kann wohl die Tore nach dem Training zurücktragen."

„6 mal Training pro Woche in der Vorbereitung ist völlig in Ordnung."

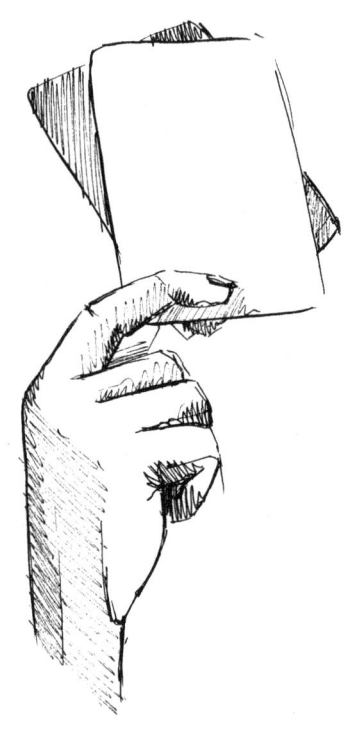

„'Du Student!' ist bei uns natürlich keine herablassende Beschimpfung von Mitspielern, sondern ein Kompliment an die Intelligenz von Studenten."

„Ihr müsst die Fußballschuhe in meinem Auto nicht ausziehen."

„Trainer, ich habe schwere Defizite im Bereich der Kondition, könnten wir daran arbeiten?"

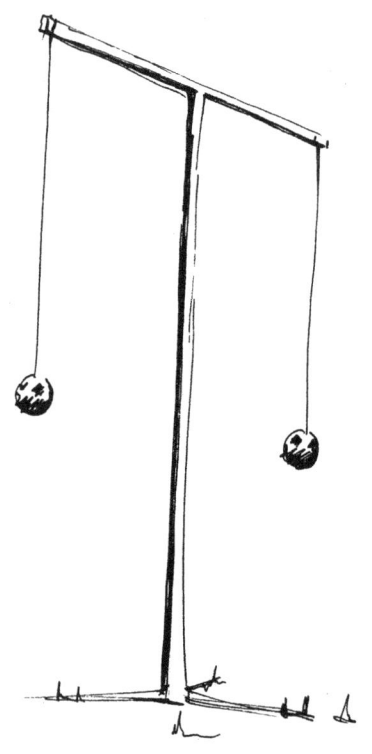

„Als Brillenträger machen mir Kopfbälle oder harte Zweikämpfe gar nichts aus."

„Die beiden Ältesten gehen in die Mitte."

Spiel

„Mir ist es völlig egal, mit welcher Nummer ich spiele."

„Die gegnerische Mannschaft hat viel schönere Trikots als wir."

„Die Zuschauer wirken bei Konflikten stets beruhigend auf die Spieler ein, ohne diese weiter anzustacheln."

„Mein Coach sagt zu uns im Spiel, dass wir uns vorne ausruhen sollen, wenn wir müde sind."

„Ich denke, wir haben heute verdient verloren."

„Ich habe mir noch nie vor dem Spiel Fußball-Videos angeguckt, um mich so richtig zu motivieren."

„Ich glaube, wir haben heute mit ziemlich viel Glück gewonnen."

„Ja, die gelbe Karte hatte ich verdient."

„Herr Schiedsrichter,
der Gegenspieler hat mich
nicht gefoult, ich
bin einfach ärgerlich
gestolpert."

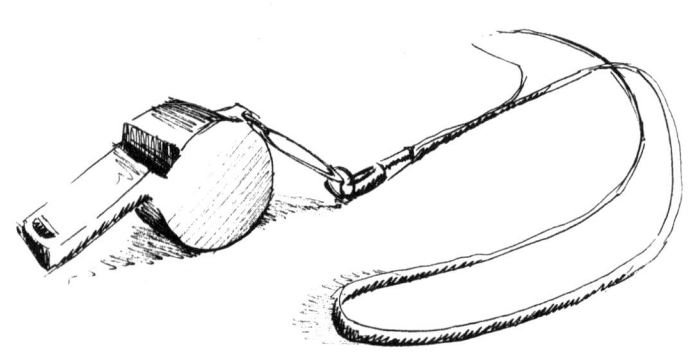

„Beim Regen zu spielen, macht überhaupt keinen Spaß."

„Hoffentlich haben wir mal wieder ein richtig weites Auswärtsspiel."

„Wenn wir bei über 20 Grad mit langen Trikots spielen, stört mich das nicht."

„Herr Schiedsrichter, wir haben keinen Einwurf, ich habe den Ball als Letzter berührt."

„Entschuldigung, dass ich dich gefoult habe, tut es sehr weh?"

„Herr Schiedsrichter, ich glaube, das war kein Tor, ich meine, ich stand im Abseits."

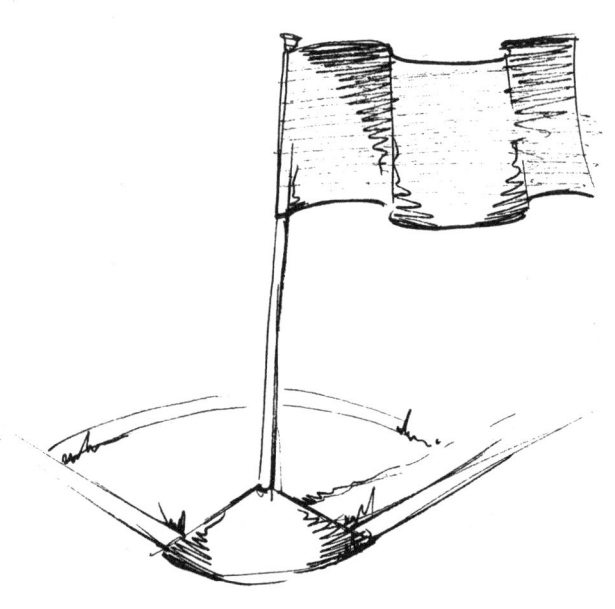

„Aufgrund des spitzen Winkels zum Tor knalle ich nicht einfach drauf, sondern passe zu meinem viel besser stehenden Mitspieler."

„Die Zuschauer der Gegner sind mir echt sympathisch."

„Wenn mich mein Gegenspieler provoziert, dann bleibe ich immer ruhig und gelassen."

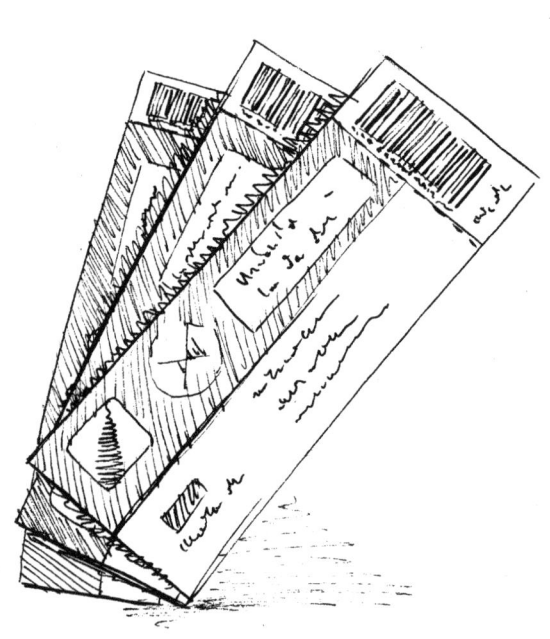

„Ich habe mir noch nie ausgemalt, in einem wichtigen Spiel in der letzten Minute das entscheidende Tor zu schießen, um damit zum Helden zu werden."

„Auslaufen nach dem Spiel hilft wirklich."

„Die Trikots nehme ich wohl mit nach Hause, um sie zu waschen.
Ich müsste mal wieder an der Reihe sein."

„Spiele gegen Vereine aus Problembezirken sind immer angenehm. Es artet nie aus, die Umgangssprache ist Hochdeutsch und der Schiedsrichter hat alles unter Kontrolle."

„Ich kann mich wohl in die Mauer stellen."

„Hoffentlich werde ich heute wieder für die letzten 2 Minuten eingewechselt, damit ich ohne Ballkontakt bleibe."

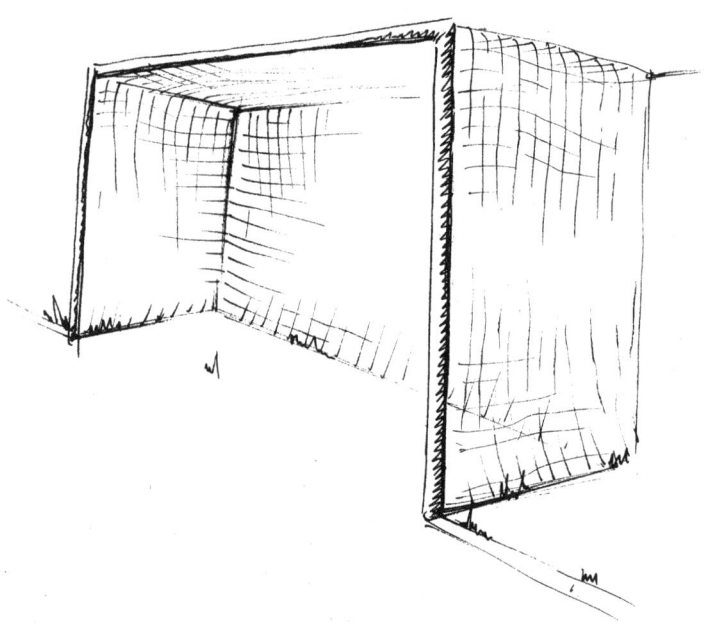

„Ich musste noch nie am Montag betrunken zur Arbeit fahren, da nach Siegen keine spontanen Kabinenfeste gefeiert werden."

„Hoffentlich haben wir genug Platz für die Zuschauer."

„Ich habe vor dem Spiel noch nie überlegt, wie ich nach einem Tor jubeln soll."

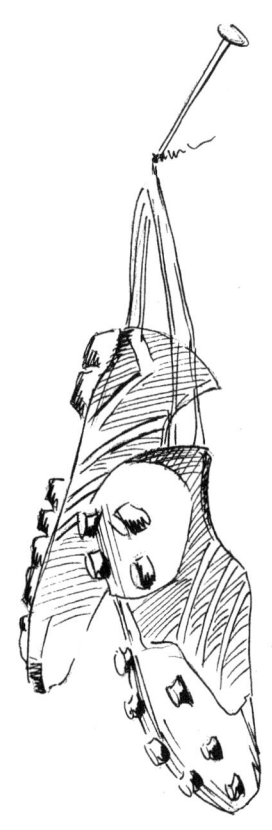

„Passkontrollen sorgen dank aktueller Passfotos, der Identitätsfeststellung sowie durch das Aufsagen des Geburtsdatums dafür, dass alle Spieler immer unter richtigem Namen spielen."

„Das Derby ist ein Spiel wie jedes andere auch."

„Ich melde mich freiwillig, wenn wir nach dem Spiel die Eckfahnen einsammeln sollen."

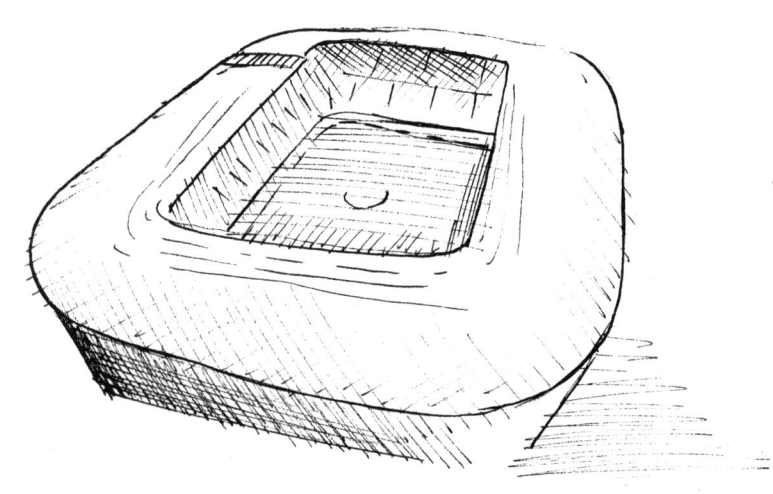

„Es ist mir egal, wenn die Gegner kurz vor Spielende führen und dann bei jeder Berührung fallen und lange auf dem Boden liegen bleiben."

„Während der Vorbereitung trinke ich keinen Alkohol."

„Ich möchte nicht schon wieder von Anfang an spielen. Jetzt sind auch einmal die Anderen dran."

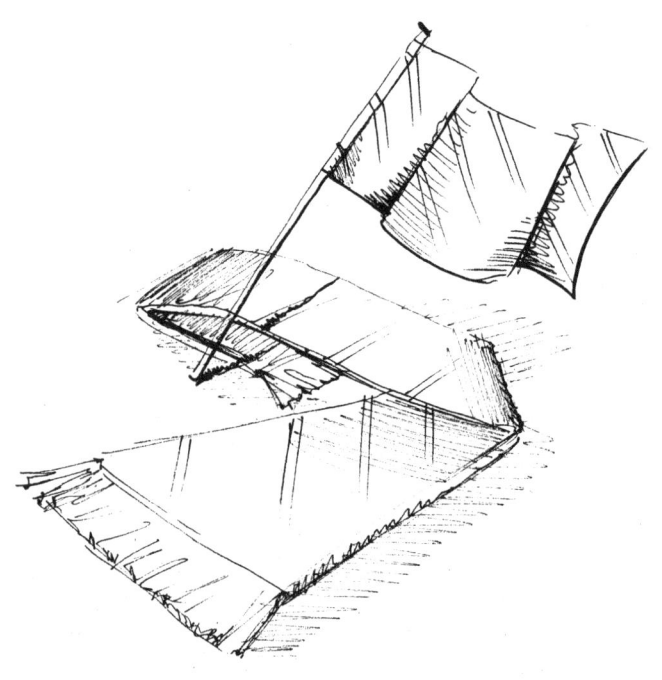

„Wenn beim Spiel hübsche Frauen am Rand stehen, vermeide ich aufzufallen und probiere auch nicht, um jeden Preis ein Tor zu erzielen."

„Können wir die Musik etwas leiser machen? Ich muss mich vor dem Spiel konzentrieren."

„Können wir für eine gelbe Karte wegen Meckerns die Strafe auf 50 € erhöhen?"

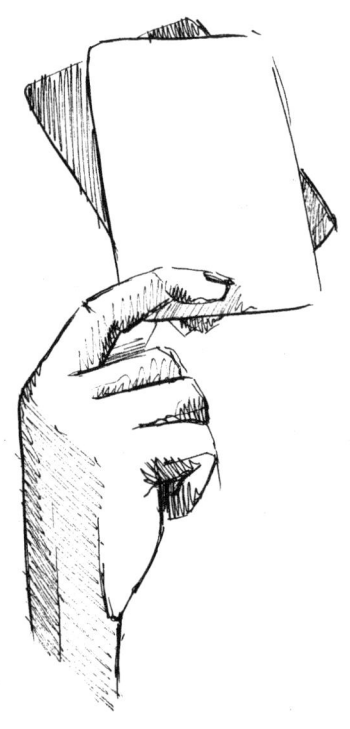

„Ich schieße nur auf das Tor, damit der Torwart warm wird und nicht, um mich vor meinem eigenen Warmlaufen zu drücken."

„Auch wenn es über 30 Grad sind, die Wassereimer braucht doch kein Mensch."

„Die Gegner sollen ruhig zuerst duschen, ich brauch' kein warmes Wasser."

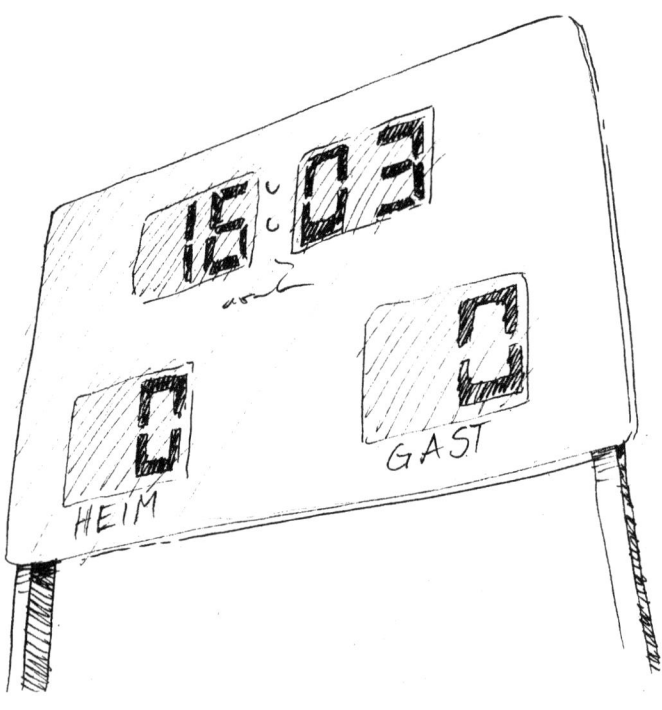

„Ich mache mich genauso intensiv warm wie die Anderen vor einem Spiel, auch wenn ich nur ein Auswechselspieler bin."

„Rudelbildungen auf dem Platz kann ich nicht nachvollziehen."

„Ich kam in der 76. Minute rein und in der 85. Minute wieder raus, aber gespielt ist gespielt."

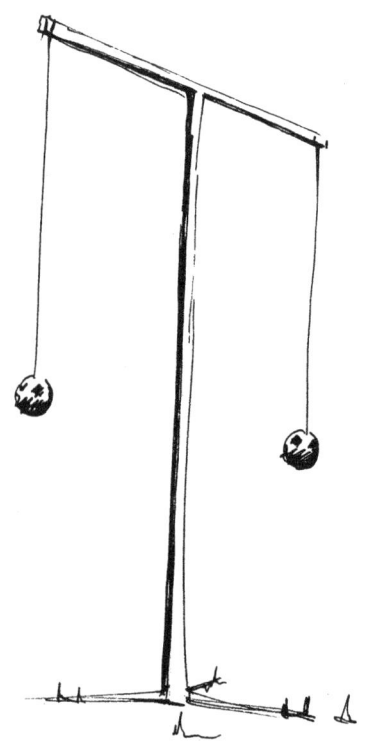

„Wenn man den Schiedsrichter auf Fehlentscheidungen aufmerksam macht, bedankt dieser sich für die freundliche Unterstützung."

„Die Vorarbeit war wichtiger als das Tor."

„Das war doch gerade mal das erste richtige Foul von meinem Gegner, dafür müssen sie ihm keine gelbe Karte geben."

„Natürlich wärme ich mich nicht im Trikot auf."

„Ich such' mir nicht schon vor Anpfiff den dicksten Gegenspieler aus, um wenig laufen zu müssen."

„Das Foul war sehr wichtig, sonst wäre er noch über die Mittellinie gekommen."

„Die alten Männer
am Spielfeldrand haben
immer Recht.
Ihre Kommentare sind
zutreffend, fachlich richtig
und nie beleidigend."

„Das Netz meiner Hose
stört überhaupt nicht
beim Fußballspielen."

„Ich diskutiere nie mit dem Schiedsrichter nach einer umstrittenen Szene, da er seine Meinung sowieso nicht ändern kann."

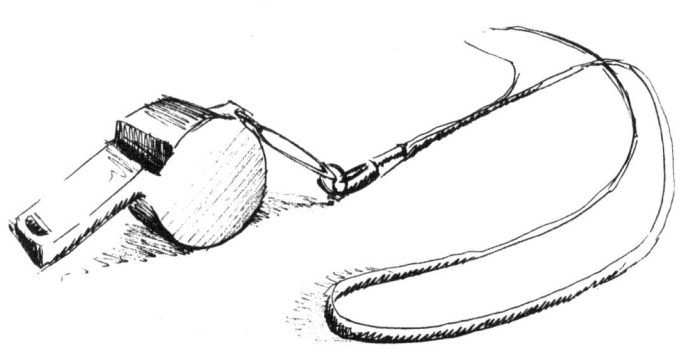

„Die Jugend-Mannschaft kann doch heute ruhig im Stadion spielen, dann gehen wir einfach auf den Nebenplatz."

„Ich halte es nicht für sinnvoll, mich beim Torjubel konditionell zu verausgaben."

„Natürlich schieße ich nicht aus 30 Metern auf das Tor, das wäre ja viel zu weit."

„Nein, ich lasse mich nicht auf die niveaulosen Zwischenrufe von außen ein. Das sind Leute, die keine Ahnung von Fußball haben, denen sag' ich nicht meine Meinung."

„Sonntag kann ich nicht zum Spiel, da muss ich noch lernen."

„Wenn wir 5:0 führen, halten wir trotzdem alle unsere Positionen."

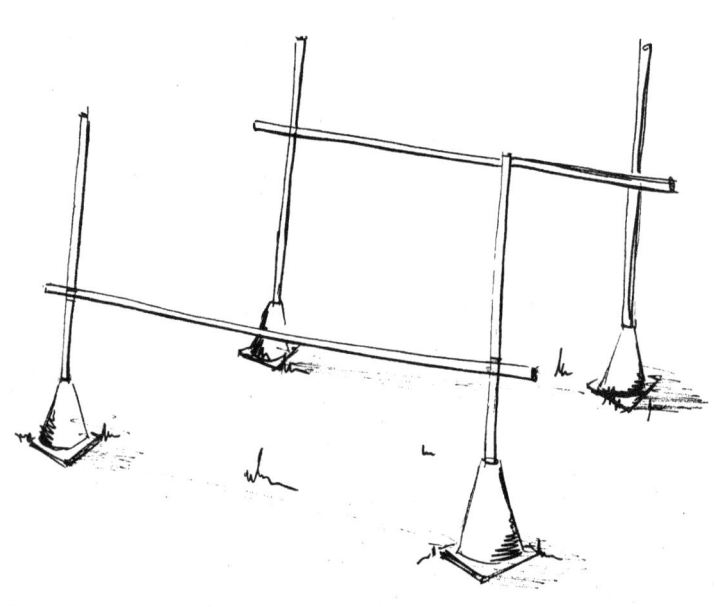

„Ich finde es großartig, dass du es alleine probierst, anstatt mir freistehend den Ball querzulegen. Dass du trotzdem kein Tor machst, nehme ich dir nicht übel."

„Auf nassem Rasen zum Torjubel rutschen, macht keinen Spaß."

Kreisliga

„Das Spiel wird nicht am Samstagabend entschieden, sondern auf dem Platz."

„Ich kann jederzeit ruhig und sorglos den Ball zum Torwart zurückspielen."

„Ich nehme wohl die Stutzen mit den Löchern und kann diese XS-Hose und das XXL-Trikot tragen."

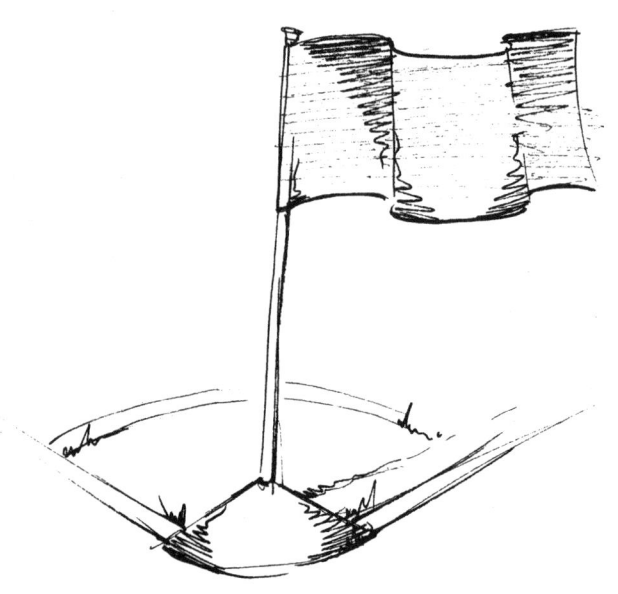

„Ich kann diesen Samstag nicht feiern,
ich hab' Sonntag ein Spiel und muss fit sein."

„Nach dem Spiel möchte ich heute mal keine Interviews geben."

„In 15 Minuten ist Anstoß und der Schiedsrichter ist noch nicht da, das beunruhigt mich jetzt."

„Betreuer mit Linienrichterfahnen sind ehrliche Menschen. Sie sind unparteiisch und versuchen nie, ihrem Team durch absichtliche Fehlentscheidungen zu helfen."

„Ein alkoholfreies Bier bitte."

„Der Platzwart hat ein gutes Auge für gerade Linien auf dem Platz."

„Ich trinke nach dem Training kein Bier, da die Übungen ja sonst überhaupt keinen Effekt hätten."

„Mit Bier und Bratwurst wird bei uns keiner bestochen."

„Ich als Torhüter
unterhalte mich nie
mit den Zuschauern neben
meinem Tor, da mich diese
bestimmt ablenken würden."

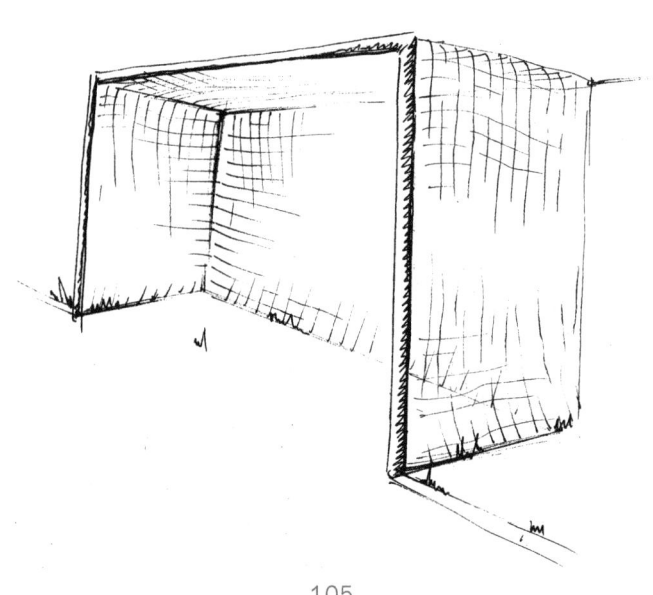

„Wir haben vollstes Vertrauen in unseren Torwart, besonders bei hohen Bällen."

„Der Schiedsrichter pfeift bei unseren Spielen nie auf Zuruf."

„Mir macht es nichts aus, wenn für mich als Ersatzspieler keine Stutzen und Hosen überbleiben."

„Ich mache Samstag beim Feiern gerne den Fahrer, da wir am Sonntag ohnehin ein Spiel haben."

„Rauchen im Trikot, das geht ja mal gar nicht."

„Das lag nicht am Platz, dass wir verloren haben, der war super."

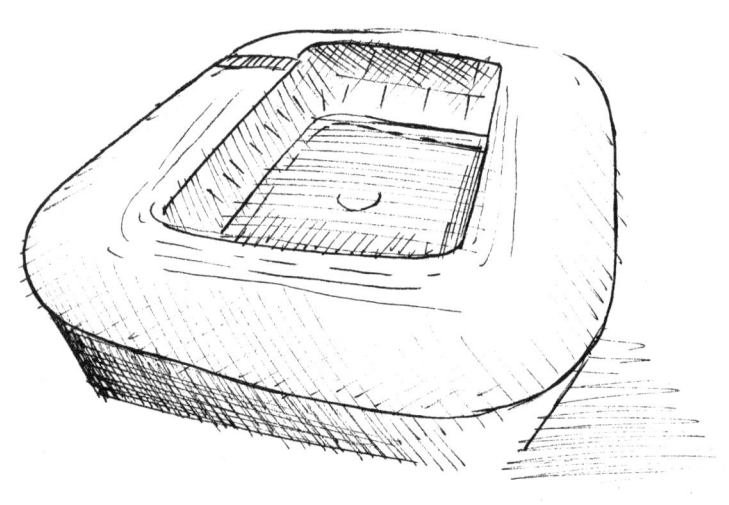

„Unsere Abwehr ist sicher, die macht keine riskanten Sachen und spielt den Ball auch nie vor dem eigenen Tor her, wenn ein Gegner in der Nähe steht."

„In meiner Liga braucht doch keiner 200 € teure Fußballschuhe."

„Ich spiele nicht nach dem Motto: Entweder kommt der Gegner vorbei oder der Ball, aber nie beide."

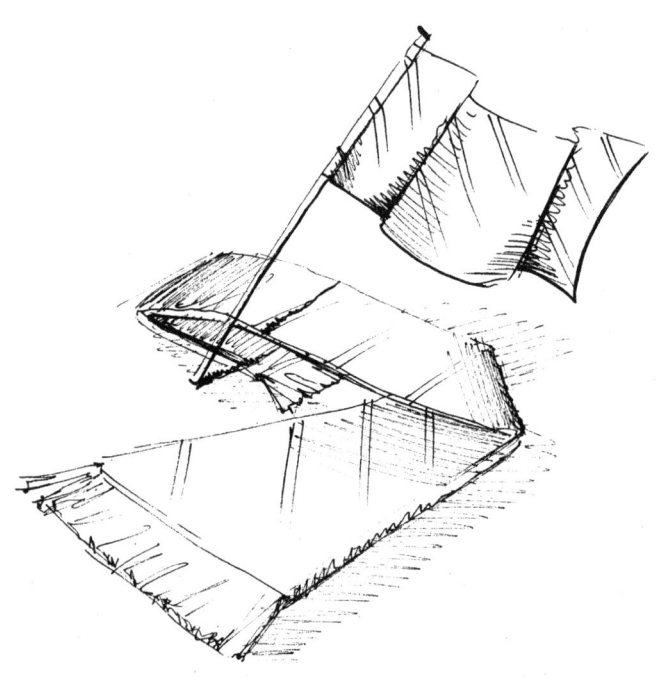

„Der Schiedsrichter war heute wie immer autoritär, souverän und noch auf Ballhöhe und nicht etwa 16 oder 80 Jahre alt mit 5 Metern Bewegungsradius."

„Wir denken nicht von Spiel zu Spiel."

„Ich frage während des Spiels nicht die aktuellen Bundesliga-Ergebnisse ab, da ich mich auf mein Spiel konzentriere."

„Der Platz beim letzten Spiel war geometrisch perfekt gekreidet."

„Der Schiedsrichter erkennt alle Abseitsstellungen."

„Wenn ich sowieso auf der Bank sitze, kann ich auch wohl den Linienrichter machen."

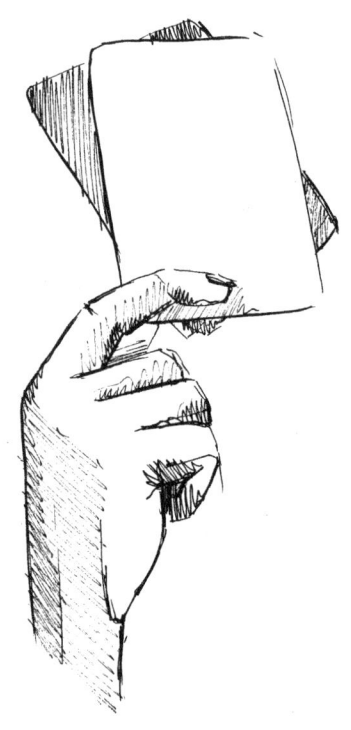

„Jeder gegnerische Spieler, der mich einmal getunnelt hat, ist nach dem zweiten Versuch immer noch körperlich in der Lage, einen dritten Versuch zu starten."

„Zum Glück sind die Kabinen immer groß genug."

„Man erkennt nicht an den Fußballschuhen, ob der Spieler ein Verteidiger oder Stürmer ist."

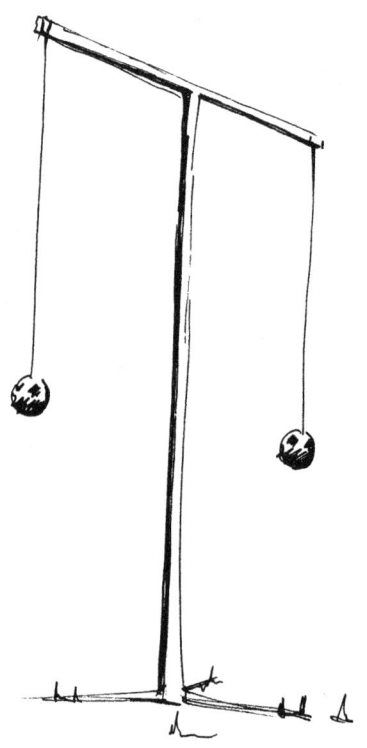

„Bitte kein Eisspray auf die Wunde."

„Natürlich habe ich meinen ganzen Körperschmuck abgelegt."

Versteht man falsch

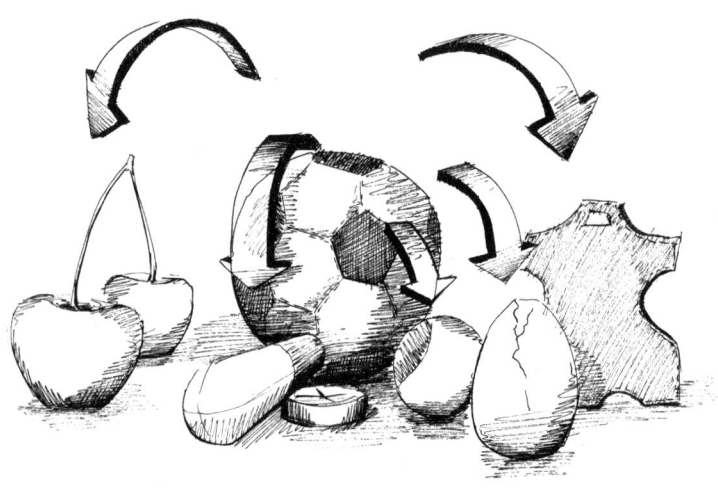

„Bei dem Wort Torwart-Titan denke ich immer direkt an das silbrig-metallische Element."

„Wenn jemand beim Spiel Schwalbe ruft, schaue ich direkt in den Himmel."

„Wenn der Trainer uns was von neuen Spielzügen erklären möchte, denke ich an meine Modelleisenbahn."

„Wenn ich das Wort Robben in der Kabine höre, denke ich an die Meeresbewohner."

„Wenn wir eine Mauer machen sollen, dann suche ich immer nach Steinen."

„Murmel, Ei, Leder, Kirsche
und Pille?
Das hat doch nichts mit
Fußball zu tun."

„Ich habe mich schon oft gefragt, ob ich eine Bananenflanke essen kann."

„Wenn jemand sagt, der Sturm ist heute nicht so stark, denke ich über das Wetter nach."

„Wenn jemand von der Hand Gottes spricht, denke ich an das Gemälde von Michelangelo."

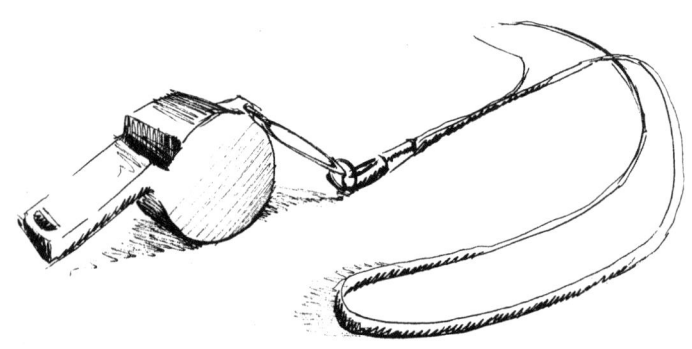

„Wenn die Verteidiger den Gegner in die Zange nehmen sollen, dann suchen sie direkt den Werkzeugkasten."

„Wenn wir uns zum Rasenschach treffen, hat niemand Figuren dabei."

"Wenn jemand einen Bombenschuss ankündigt, renne ich schnell weg, um in Deckung zu gehen."

„Wenn meine Mannschaft eine richtig gute Viererkette braucht, dann suche ich in einem Schmuckladen."

„Wo sollen auf dem Feld denn Räume sein?"

„Die Gegner sagen,
unser Torwart ist ein
Fliegenfänger,
dabei haben wir doch
gar keine auf dem Feld."

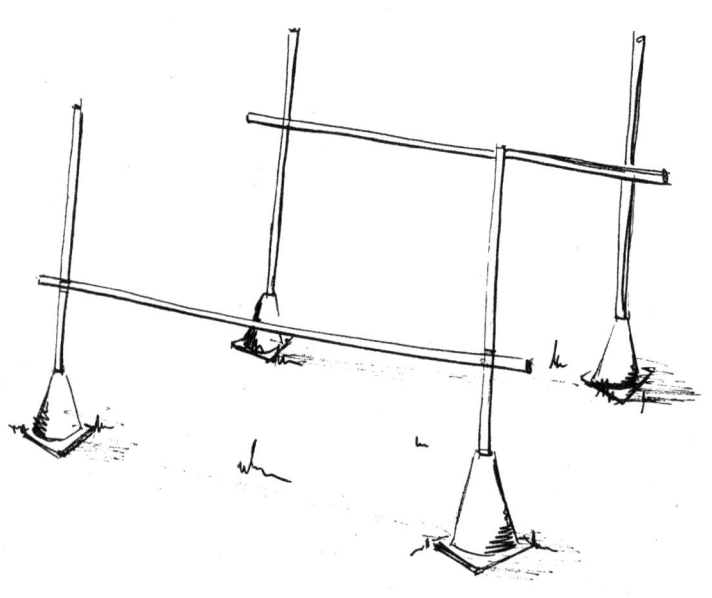

„Was soll eine Ampelkarte sein?"

Eigene Erfahrungen:

Eigene Erfahrungen: